AF330681

Doutes Historiques

RELATIFS A

NAPOLÉON

BONAPARTE.

PAR

M. WHATELY,

ARCHEVÊQUE DE DUBLIN.

Traduit de l'anglais sur la quatrième édition.

PARIS,

CHEZ LES MARCHANDS DE NOUVEAUTÉS.

—

1833.

IMPRIMERIE DE BACQUENOIS ET APPERT,

RUE CHRISTINE, N°. 2.

Doutes Historiques

RELATIFS A

NAPOLÉON

BONAPARTE.

PAR

M. WHATELY,

ARCHEVÊQUE DE DUBLIN.

Traduit de l'anglais sur la quatrième édition.

PARIS,

CHEZ LES MARCHANDS DE NOUVEAUTÉS.

1833.

Préface.

———•◦•———

Les Français seront immanquable-
ment étonnés d'apprendre que des Anglais puissent concevoir des doutes sur
les actions les plus éclatantes de ce Napoléon dont le nom remplit encore la
terre, et il n'en est peut-être aucun dont
le premier mouvement ne sera de rejeter au loin cette brochure à la seule
vue de son titre. Cependant nous en ap-

pelons à la bonne foi et à la justice de tous ceux qui ne jugent pas sur de simples apparences, et nous les engageons, au nom de l'impartialité, à lire ces Doutes historiques avant de décider sur leur mérite. Ils pourront alors déclarer si le raisonnement lumineux qui a guidé l'auteur n'est pas un raisonnement très naturel, et qui pourrait s'offrir tout aussi bien à l'esprit éclairé d'un Français, sur les exploits ou l'existence même de quelque personnage fameux de toute AUTRE NATION. Quoi qu'il en soit, le fait est que ces doutes existent en Angleterre, et comme ils pourront augmenter de jour en jour, c'est aux Français à les lever, de même qu'à la rigueur ce serait aux Anglais à prouver incontestablement les hauts faits d'un Nelson ou ceux d'un Wellington, si quelque jour

on venait à en douter de ce côté-ci de
la Manche.

C'est donc aux Français qu'on pro-
pose ces doutes tels qu'ils furent suggé-
rés, c'est d'eux seuls qu'on peut raison-
nablement exiger des preuves capables
de satisfaire pleinement un Anglais, des
preuves en un mot qui sympathisent en
tout avec les principes du doute vraiment philosophique.

A peine croyons-nous nécessaire d'in-
viter le lecteur à ne jamais perdre de
vue que dans tout ce qui suit, c'est un
Anglais qui s'adresse à sa nation, et que
la première édition en fut publiée et

aussitôt enlevée en 1821, du vivant même de Napoléon, circonstance faite pour donner aujourd'hui plus de force encore aux objections proposées.

—————

DOUTES HISTORIQUES

RELATIFS A

NAPOLÉON BONAPARTE.

Quoique depuis long-temps l'attention générale ait été occupée du personnage extraordinaire, à l'ambition duquel on nous suppose avoir échappé de si près, à peine ce sujet semble-t-il avoir rien perdu de son intérêt. Nous nous plaisons encore à raconter les exploits, à discuter sur le génie, à nous informer de la situation actuelle, et même à forger des conjectures sur les destinées à venir de Napoléon Bonaparte.

Et cela doit cesser de nous étonner, si nous envisageons la nature vraiment extraordinaire de ces exploits, celle de ce génie, leur grandeur et leur vaste importance, la singularité sans exemple des événemens, aussi bien que cet autre puissant aiguillon à la curiosité, la mystérieuse incertitude qui plane sur le caractère de cet homme. Si (mettant à part toute histoire notoirement fabuleuse) il est douteux qu'aucune ait jamais attribué à son héros un enchaînement pareil d'actions merveilleuses, resserré dans un aussi court espace de temps, il n'est pas moins certain que l'on ne donna jamais à personne des caractères si contradictoires. A la vérité, l'esprit de parti a toujours su flatter ou déparer le portrait de presque tout homme célèbre ; mais, à travers cette diversité de coloris, il est toujours facile de démêler quelque chose d'un même ensemble. Bien plus, il arrive que ce qui, d'un côté, nous est peint comme vertu, ressemble en quelque sorte à ce qui ailleurs nous est représenté comme vice : la témérité, par exemple, se nommera courage, ou le courage témérité héroïque ; fermeté et orgueil entêté cadreront dans deux tableaux opposés, qui pourront du reste s'accorder sur quelques traits

fondamentaux. Ni les amis, ni les ennemis
de Philippe de Macédoine, non plus que
ceux de Jules-César, ne révoquèrent jamais
en doute leur courage ou leurs talens militaires, mais il en a été tout autrement de
Bonaparte. Cet obscur aventurier Corse,
cet homme, suivant les uns d'un talent et
d'un courage extraordinaire, suivant les autres d'une capacité très-médiocre et poltron
achevé, avança rapidement de grade en grade
au service de France, obtint un commande-
ment supérieur, remporta une suite de victoires éclatantes, puis, enflé par le succès,
s'aventura dans une expédition contre l'E-
gypte, expédition tramée et conduite avec
une habileté consommée au dire des uns;
avec le comble de l'extravagance et de la
folie, à en croire les autres! Toutefois il
manqua son but, et laissant son armée d'E-
gypte dans la plus grande détresse, revint
lui-même en France où il trouva la nation,
ou du moins l'armée si bien disposée en sa
faveur, qu'il put sans peine renverser le gouvernement existant et obtenir pour lui-même
le pouvoir suprême, d'abord sous le nom
modeste de consul, mais ensuite sous le titre

plus sonnant d'empereur. Armé de ce pouvoir, il renversa les coalitions les plus for-
midables des autres états européens ligués
contre lui, et quoique chassé des mers par
les flottes britanniques, parcourut le continent presque entier en triomphateur. Termi-
nant une guerre, souvent en une seule cam-
pagne, il fit son entrée dans les capitales de
la plupart des potentats ses ennemis, se plut
à déposer et à créer des rois, et se montra
lui-même le souverain réel de la majeure
partie du continent depuis les frontières d'Es-
pagne jusqu'à celles de Russie. Nous le voyons
même, à a tête d'armées immenses, envahir
ces dernières contrées, terrasser leurs forces,
pénétrer jusqu'à leurs capitales, et les mena-
cer d'une soumission totale. Cependant, à
Moscou, sa marche est arrêtée, un hiver
d'une sévérité peu commune, de concert avec
les efforts des Russes, achève d'anéantir ses
innombrables légions, et les souverains de
l'Allemagne, secouant le joug, s'unissent
pour l'abattre. Il lève une autre puissante
armée, elle périt à Leipsick; il en lève une
autre encore avec laquelle, nouvel Antée,
il se maintient quelque temps en France; à

la fin pourtant il est mis en déroute, détrôné et banni dans l'île d'Elbe dont on lui accorde la souveraineté. C'est de là qu'environ neuf mois après, il reparaît, à la tête de six cents hommes, pour tenter le détrônement du roi Louis, rappelé par le vœu de la nation française; cette nation se déclare en sa faveur, et le reporte sur le trône sans coup férir. Il lève une nouvelle grande armée pour arrêter les puissances alliées; cette armée est détruite à Waterloo; lui-même, déposé une seconde fois, se livre aux Anglais qui l'enferment dans l'île de Sainte-Hélène.

Telle est l'ébauche de cette féconde histoire, dont cependant les détails nous présentent, chacun dans leur exposé, toutes les nuances imaginables de diversité, tandis que les motifs et la conduite de l'acteur principal, enveloppés d'une plus grande incertitude, sont devenus le sujet d'une controverse plus violente encore.

Au milieu de toutes ces controverses, la question préalable concernant l'existence de ce personnage extraordinaire semble ne s'être jamais présentée à l'esprit de personne comme sujet de doute, et probablement l'on traiterait de sceptique outré quiconque hésiterait le moins du monde à l'admettre. En effet, les antagonistes se sont de part et d'autre accordé ce point, implicitement sous-entendu d'ailleurs par la nature même de la discussion. Mais, dans le fait, est-il avéré que des points non contestés ont toujours été des plus scrupuleusement examinés, quant à l'évidence sur laquelle ils s'appuient? Est-il donc avéré que des faits ou des principes admis sans controverse comme base commune d'opinions opposées, sont toujours établis eux-mêmes sur des données satisfaisantes? Bien loin de là, par cela seul que tel ou tel point fondamental est admis d'emblée, et détourne l'attention vers quelque autre question, n'est-il pas à présumer qu'on l'a admis sans preuves suffisantes et sans prendre garde aux imperfections de ces preuves? L'expérience nous apprend que de semblables cas ne sont pas rares, témoin cette anecdote bien connue : Charles II avait soumis à la Société Royale cette question-ci : D'où vient qu'un vase d'eau ne reçoit aucune augmentation de poids si l'on y met un poisson vivant, quoi-qu'il en reçoive si le poisson est mort? Di-

verses solutions fort ingénieuses furent proposées, discutées, rejetées et défendues :
ce ne fut qu'après s'être long-temps fourvoyé
en recherches qu'on s'imagina de tenter l'expérience, et il sauta aux yeux que le phéno-
mène dont l'explication avait coûté tant d'efforts, qui était la base avouée et pour ainsi
dire la couche première de leurs débats,
n'existait que dans le cerveau inventif du
spirituel monarque.

Un autre exemple du même genre est si
remarquable, que nous ne pouvons nous empêcher de le citer. Lorsque le système de
Copernic parut, on objecta d'abord que, si,
comme il le prétendait, la terre tournait sur
son axe, une pierre abandonnée à elle-même
du haut d'une tour ne tomberait pas au pied,
mais à une grande distance à l'ouest de cette
tour. *De même qu'une pierre tombant du
haut du mât d'un vaisseau à pleines voiles
ne tombe pas au pied de ce mât, mais bien
vers la poupe.* A cela l'on répondit qu'une
pierre faisant partie de la terre, obéit aux
mêmes lois et se meut avec elle, tandis que
n'étant pas partie du vaisseau son mouvement en est par conséquent indépendant.

Cette solution fut admise par les uns, rejetée par d'autres, et la dispute alla toujours s'échauffant. Ce ne fut que cent ans après la mort de Copernic que l'expérience étant faite, on vit que la pierre ainsi abandonnée du haut d'un mât tombe précisément à son pied.

L'on doit observer que nous n'attaquons ici aucun point de préférence, mais que nous nous bornons à montrer qu'en général ce qui est hors de doute n'est pas pour cela indubitable, puisque les hommes sont aptes à admettre à la hâte, et d'après des données insuffisantes, ce qu'ils sont habitués à voir admis, et cela souvent à l'instant même où ils s'efforcent de découvrir la preuve de quelque point contesté.

Le célèbre Hume (*) a aussi signalé la promptitude avec laquelle les hommes ajoutent foi, d'après la moindre évidence, à toute histoire qui captive leur imagination, parce qu'elle tient de l'étonnant et du merveilleux.

____

(*) Avec quelle avidité n'adopte-t-on pas les récits miraculeux des voyageurs, leurs descriptions de monstres de terre et de mer, leurs relations d'aventures étonnantes, d'hommes étranges et de coutumes barbares.

(Hume's *Essay on miracles*, p. 179 in-12 ; p. 185 in-8°, 1767 ; 117 in-8°, 1817.)

Cependant, comme il le remarque avec raison, une crédulité aussi hâtive est tout-à-fait indigne d'un esprit philosophique qui, loin de là, doit suspendre son jugement d'autant plus que le récit est plus étrange, et ne céder qu'aux preuves les plus décisives et les plus irréfragables. Qu'il nous soit donc permis, comme il est raisonnable sans doute, d'examiner, et rien de plus, d'après quels témoignages nous ajoutons foi à l'histoire extraordinaire en question. L'on nous dira qu'elle est notoire, c'est-à-dire, en bon français, que tout le monde en parle. Cependant comme la masse de ceux qui parlent de Bonaparte ne prétend pas même parler d'après sa propre autorité, mais ne fait que répéter ce qui lui est arrivé d'entendre, un tel témoignage est rigoureusement inadmissible ; et l'on peut, sans exagération, déduire comme de simples *on dit* les 99/100e de tout ce qui nous est raconté, nombre qui, *multiplié par dix fois autant, n'en serait pas moins croyable.*

Quant aux personnes qui font profession d'avoir personnellement connu Napoléon Bonaparte, et d'avoir été les témoins oculaires de ses principales actions, ce n'est pas pour elles que nous écrivons. S'il en existe qui aient la conviction intime de la vérité de tout ce qu'elles avancent, nous n'avons qu'à les exhorter à la tolérance et à la charité envers ceux de leurs semblables qui n'ont pas les mêmes moyens de s'assurer de la vérité, et qui sont bien excusables de douter d'événemens aussi extraordinaires dans l'absence de preuves irrécusables.

Tâchons cependant de remonter aussi haut que possible vers la source de ces preuves par ouï-dire. Très probablement les journaux seront la seule source authentique invoquée où chacun assurera avoir puisé tout ce qu'il en sait, de sorte qu'en dernier résultat l'on peut affirmer que c'est sur le témoignage des journaux que le monde croit à l'existence, ainsi qu'aux exploits de Napoléon Bonaparte.

Il est assez singulier d'entendre si fréquemment des Anglais, parlant des impudentes fabrications de journaux étrangers, s'étonner de ce qu'ils puissent trouver des dupes parmi nous, tandis qu'eux-mêmes se figurent que dans cette terre privilégiée, la liberté de la presse est une garantie suffisante contre toute atteinte à la vérité. Il est vrai qu'il leur échappe souvent de parler avec mépris de telle ou telle nouvelle de gazetier, oubliée aussitôt qu'apprise ; et en effet ils ne manquent pas, en moins d'un ou deux jours, de les voir démenties dans le même papier, ou leur fausseté démasquée par quelque journal du parti opposé. Néanmoins tout ce qui a été long-temps cru, tout ce qui a été souvent répété, surtout ce qui l'a été dans plusieurs versions différentes (quoique ouvertement l'écho l'une de l'autre), aura presque à coup sûr la sanction générale. D'où vient donc ce souverain respect servilement rendu de fait à l'autorité de journalistes? S'imagine-t-on peut-être que parce qu'un témoin a été constamment surpris à tromper, il en sera plus digne de foi tant qu'il saura garder le masque? ou bien serait-ce que pour rendre un conte plus croyable, il ne s'agît que de l'admettre et de le répéter à force. N'est-il pas, au contraire, unanimement reconnu en tout autre cas qu'un menteur ne veut jamais se désister, et qu'il répète à satiété ce qu'il a avancé, par cela seul qu'il l'a avancé ?

Dépouillons-nous, s'il est possible, de cette

aveugle vénération pour tout ce qui est imprimé, afin d'examiner avec un peu plus de méthode le témoignage qui est invoqué.

On ne contestera pas, nous osons le croire, qu'avant de prononcer sur le degré de véracité d'aucun témoin, il est indispensable de vérifier entre autres les trois points suivans : d'abord ces témoins ont-ils eu tous les moyens d'obtenir des renseignemens exacts? en second lieu, n'ont-ils aucun intérêt à cacher la vérité ou à répandre de faux bruits? enfin s'accordent-ils dans leur témoignage? Examinons sur ces trois chefs les témoignages relatifs à notre histoire.

Premièrement, quels moyens les éditeurs de journaux ont-ils eus pour obtenir des renseignemens exacts? Nous n'en savons rien, ou du moins rien au-delà de leurs propres assertions. Outre ce qu'ils copient d'autres journaux nationaux ou étrangers (c'est-à-dire, pour l'ordinaire, plus des trois quarts des nouvelles du jour) (a), ces éditeurs annoncent qu'ils se rapportent à l'autorité de certains correspondans du dehors : mais qui sont ces correspondans, quels moyens ont-ils de s'assurer des faits, et même après tout en existe-t-il bien véritablement? c'est plus que nous ne pouvons certifier. Nous nous trouvons dans le même cas que les Hindous; les Bramins leur disent que la terre est soutenue par un éléphant, et l'éléphant par une tortue, mais ils leur laissent à deviner par quoi la tortue est soutenue, ou même si elle l'est du tout.

Voilà donc sur quoi se fondent nos notions précises quant aux moyens d'information au pouvoir de ces témoins; voyons maintenant sur quoi nous fondons le calcul de leur véracité.

N'ont-ils pas un intérêt manifeste à divulguer ces récits étonnans sur Napoléon et ses hauts faits, vrais ou faux? En effet, combien peu de personnes liraient les journaux si elles ne s'attendaient à y trouver de temps en temps quelque nouvelle surprenante ou importante? or nous pouvons dire avec certitude qu'il n'y eut jamais sujet d'un intérêt plus intarissable que celui-ci.

L'on objectera peut-être qu'il y a plusieurs partis politiques opposés dont les différentes presses publiques sont les organes respectifs, et qui ne manqueraient pas de se donner mutuellement des démentis formels (b). Sans doute ils le feraient, s'ils le pouvaient, sans

2

risquer de se compromettre eux-mêmes ; mais une communauté d'intérêts ne les engage-rait-elle pas, jusqu'à un certain point, à une communauté d'opérations ? Eh ! remarquons qu'entre ces partis rivaux le grand objet de discorde se réduit à savoir qui aura la direction des affaires de l'état, la surveillance du budget et la disposition des places ; nous le disons, la question n'est pas : Le peuple sera-t-il gouverné ou non ? mais bien, par quel parti le sera-t-il ? Les impôts seront-ils payés ou non ; mais qui les encaissera ? Or l'on conviendra que Napoléon est un épouvantail, un ogre politique des plus commodes pour toute espèce d'administration ! « Si vous n'a-
« doptez pas nos mesures et ne rejetez celles
« de nos adversaires, Bonaparte, soyez-en
« sûrs, sera là pour vous mener à son gré ;
« si vous ne vous soumettez au gouverne-
« ment, au moins pendant notre administra-
« tion, ce formidable ennemi profitera de
« votre insubordination pour vous conquérir
« et vous asservir ; payez gaîment les impôts,
« sinon le terrible Bonaparte ne vous laissera
« rien. » Bonaparte enfin était le refrain de toutes les chansons ; son nom redouté était

un talisman infaillible pour délier les cor-
dons de nos bourses; et quoique nous nous
imaginions être maintenant en toute sûreté,
gardons-nous de croire qu'il ne se présentera
désormais plus d'occasion pour remettre en
scène un aussi utile personnage; car ce n'est
pas seulement avec de mauvais petits garne-
mens, sortant de nourrice, qu'a réussi à mer-
veille la terrible menace de *gare Bonaparte!*
Il est donc très probable qu'ayant dans le
fond un même objet en vue, tous les partis
se seront servis d'un même instrument. Il
n'est pas du tout nécessaire de supposer que,
pour cela, ils se soient secrètement donné
le mot pour agir de concert, quoique (soit
dit en passant) il y ait bruit de certaines
consultations amicales entre *le Courier* et *le
Morning-Chronicle*, quant à certain plan
à suivre dans leur guerre ouverte.

Nous ne prétendons pas assurer qu'une
semblable manœuvre est incroyable; mais,
quoi qu'il en soit, cela n'influe en rien sur
l'établissement de la probabilité que nous
sommes prêts à maintenir. Nous ne voulons
pas non plus donner à entendre que tous les
journalistes sont des oracles d'histoires faites

à plaisir, *les connaissant pour telles ;* car très vraisemblablement la plupart ne font que répéter ce qu'ils trouvent chez d'autres, avec autant de naïveté que leurs abonnés en mettent à les lire ; d'où il résulte, remarquons-le bien, qu'ils ne sont pas meilleures autorités que leurs lecteurs.

Mais, dira-t-on, à moins de supposer un plan régulièrement concerté d'avance, l'on doit s'attendre à trouver de grandes différences entre les récits publiés, car, même en admettant que les éditeurs se conforment l'un à l'autre quant à l'ensemble des faits, il leur reste pourtant à y ajouter des détails à leur façon, et c'est là par conséquent que doit se trouver une diversité infinie et impossible à concilier.

C'est précisément là aussi que nous voulons en venir, car il arrive exactement ce qu'on vient de supposer, les contradictions et les démentis réciproques de ces témoins suffisant seuls pour couvrir leur témoignage d'un voile épais d'incertitude. Ce n'est pas seulement sur des détails secondaires que se montre le manque d'accord, comme cela pourrait arriver dans un récit foncièrement vrai, mais c'est sur des événemens de la plu/

haute importance, ayant une liaison intime avec le héros supposé. Prenons pour exemple la fameuse charge du pont de Lodi (charge fameuse en effet, tout autant que le siége de Troie, peu importe que l'un et l'autre événement ait ou n'ait pas eu lieu) : il n'est pas encore décidé si Napoléon la commanda en personne, ou bien s'il se tint à l'abri en arrière pendant qu'Augereau accomplissait ce brillant exploit; le même doute existe quant à la célèbre charge de cavalerie française à Waterloo. Il n'est pas moins douteux que ce personnage extraordinaire fit vraiment empoisonner un hôpital rempli de ses propres soldats, et massacrer de sang-froid une garnison qui venait de se rendre. Mais, afin de ne pas trop multiplier les citations, n'est-il pas vrai qu'une des plus sanglantes batailles qui, dit-on, se livra jamais, celle de la Moskowa, a été clairement proclamée victoire par les deux partis opposés, et la question est encore loin d'être décidée.

Des Français et des Russes nous avons les détails les plus circonstanciés, tous officiels, transmis sur l'autorité des personnes les plus respectables, lesquelles déclarent s'être trou-

vées sur les lieux mêmes pendant l'action,
et cependant ces détails sont en tout contradictoires. Les deux récits peuvent être faux ;
mais puisque l'un des deux (n'importe lequel)
doit être faux, l'on peut invinciblement en
déduire l'importante maxime que voici :

Un récit pourra être aussi détaillé, aussi fermement soutenu, aussi gravement appuyé que
l'on voudra ; les événemens pourront en être
aussi notoires, aussi importans que bon semblera, et le tout pourtant n'être qu'une pure
fable.

Ce qui probablement faisait croire d'autant plus fermement et d'autant plus vite à
la plupart des événemens rapportés dans nos
journaux, c'était d'abord les précautions
mêmes et l'hésitation apparente avec lesquelles on se hasardait à les publier, ensuite
les violens démentis donnés à une foule de
nouvelles débitées par les journaux français ;
c'était enfin les sarcasmes prodigués par les
nôtres contre leurs faussetés, leurs exagéra-
tions et leurs gasconnades. Mais ne serait-il
pas possible, n'est-il pas même tout-à-fait
naturel, que des propagateurs de fausseté
manifeste ne fassent parade de tant de cir-

conspection, de tant d'horreur de toute exagération, que pour mieux surprendre et se
concilier la confiance publique ? N'est-il pas
aussi très possible que ceux qui croyaient
sincèrement ce qu'ils publiaient, n'aient su
voir que de l'exagération dans des récits faits
à plaisir ? Bien des personnes sont entachées
de cette sorte de simplicité, qui les fait se
croire parfaitement en garde contre le men-
songe, dès qu'elles n'admettent qu'une partie
de ce qu'on leur raconte, lors même que le
tout ensemble n'est souvent qu'un tissu de
faussetés ; en sorte que tel ou tel de ces can-
dides éditeurs qui se sont montrés si ardens
à démasquer des bulletins imposteurs, si pru-
dens à communiquer leurs grandes nouvelles,
ressemblait assez à ce rustre qui s'imagine
avoir conclu un excellent marché avec quelques juifs, parce qu'il est parvenu à rabattre
d'une guinée à un écu le prix d'un article
qui ne vaut pas deux liards.

Quant au caractère de Bonaparte, les contradictions frappent davantage encore. Suivant les uns, c'était un sage, humain, ma-
gnanime héros ; d'autres nous le peignent
comme un monstre de cruauté, de bassesse

et de perfidie ; quelques-uns, même parmi ses ennemis les plus invétérés, vantent ses talens militaires et politiques ; d'autres les ravalent presque au niveau de la démence. Toutefois, accordant que ces différens portraits ne sont que l'œuvre de l'esprit de parti (et certainement la concession est assez forte), il reste un cas auquel une solution semblable s'applique bien difficilement. En effet, si quelque chose peut être clairement vérifié en matière historique, ce doit être le courage personnel d'un capitaine, et cependant, à cet égard, nous sommes ici plus embarrassés que jamais. Différens écrivains nous le représentent au même instant et dans les mêmes circonstances, les uns comme un homme d'une intrépidité indomptable, les autres comme un poltron sans égal.

Que nous faut-il donc croire ? car si nous voulons bien admettre tout ce qui nous est raconté, nous serons par là même obligés de croire, non pas seulement à l'existence d'un seul Bonaparte, mais bien à celle de deux ou de trois ; et si nous n'admettons que ce qui est garanti authentique, nous ne pourrons croire à l'existence d'aucun (c).

Il est donc évident que ceux dont le témoignage suffit en général pour faire croire à l'existence et aux actions de Bonaparte, pêchent absolument sur tous les points essentiels, d'où l'on fait toujours dépendre la validité des témoins; car d'abord nous n'avons pas la certitude qu'ils aient eu accès à des renseignemens; secondement, ils ont eu intérêt manifeste à propager des mensonges, et troisièmement leurs contradictions sont palpables sur les points les plus importans.

Une autre circonstance, bien faite pour augmenter nos soupçons sur tous ces contes, c'est que les Whigs, comme on les appelle, ou en d'autres termes, c'est que les zélés partisans de la liberté, les adversaires de tout empiétement du pouvoir monarchique, ont depuis quelque temps pris ardemment fait et cause pour Bonaparte, quoique tous se soient plus auparavant à le représenter, sinon comme un tyran, du moins comme un vrai despote.

Parmi les plus actifs défenseurs de cette cause est un homme d'honneur, qui jadis fut un des premiers à vouer ce même Napoléon à l'exécration générale, qui le premier publia, et pendant long-temps soutint le récit de ses cruautés en Egypte, en dépit de l'incrédulité du public. Que, dans l'intérêt d'un parti, certaines personnes en agissent de la sorte, quoique convaincues du reste que l'histoire n'est que fiction et son héros chimère, cela n'a rien de très incroyable ; mais que ces mêmes personnes puissent, d'un côté, croire sincèrement à l'existence de ce despote, et d'un autre oublier leurs propres principes au point de le défendre et de le préconiser, c'est ce qui nous passe.

Après tout, l'on doit s'attendre que plusieurs de ceux qui sentiront la force de nos objections auront cependant peine à confesser qu'eux-mêmes et le public en général aient pu être si long-temps et si éminemment dupés, et voilà comment la grandeur et l'audace d'une imposture en deviennent le plus ferme soutien. Les millions de mortels, qui depuis tant de siècles ont cru à Mahomet ou à Brahma, s'appuient pour ainsi dire les uns sur les autres, et n'ayant pas assez d'énergie pour se dégager de préjugés vulgaires, et se montrer plus sages que la multitude, finissent par se persuader que ce que tant d'autres ont reconnu pour vrai, doit être vrai.

Mais s'il est des hommes qui se glorifient de leur liberté philosophique de penser, s'il en est qui désirent suivre les traces d'un Hume ou celles de tout autre sectateur de la vérité, d'un génie aussi élevé et contemplatif, nous les exhortons à suivre franchement en tout leurs propres principes, et secouant les entraves de l'autorité, à examiner scrupuleusement les preuves de tout ce qui leur est proposé, avant de l'admettre comme vrai. S'il faut plus de preuves encore, l'exemple suivant achèvera de convaincre jusqu'où l'on peut en imposer à une nation entière, même dans ce siècle de lumières si vanté, et sur des matières du plus haut intérêt pour elle.

Il fut inséré dans tous les journaux qu'un mois après la bataille de Trafalgar, un officier anglais, fait prisonnier puis échangé, étant revenu de France en Angleterre, et s'étant mis en devoir de partager la douleur de ses compatriotes sur la terrible défaite qu'ils avaient essuyée, fut bien émerveillé d'apprendre que cette bataille de Trafalgar était une éclatante victoire. On lui avait assuré que, dans cette affaire, les Anglais avaient été totalement mis en déroute, et les

Français, disait-il, étaient pleinement et universellement convaincus que tel était, en effet, l'état des choses. Or, s'il n'est pas vrai que les Français l'aient cru ainsi, il faut avouer que le public anglais a été indignement trompé; et si au contraire ce rapport est vrai, il faut en conclure que les deux nations se sont réjouies en même temps sur l'issue d'une même bataille, comme victoire signalée pour elles-mêmes, en sorte que l'une des deux a dû être la dupe de son gouvernement; car si la bataille ne s'est jamais livrée ou n'a été décisive pour personne, il est évident que l'on a menti aux uns et aux autres. Nous croyons que cet exemple prouve irrécusablement notre première assertion.

Mais, nous dira-t-on, qu'objecterez-vous au témoignage de tant de personnes respectables, qui allèrent tout exprès à Plymouth, et virent Bonaparte de leurs propres yeux? Doivent-elles se méfier de leurs sens? Nous ne prétendons dénigrer ni la faculté visuelle ni la véracité de ces personnes-là. Nous accordons très volontiers qu'elles se rendirent à Plymouth dans l'intention d'y voir Bonaparte, que même elles se dirigèrent en bateau vers le milieu du port, et ramèrent le long d'un vaisseau de guerre, à bord duquel elles virent un homme à chapeau retroussé, lequel homme, leur *dit-on*, était Bonaparte. Leur témoignage ne va pas plus loin ; l'on ne nous dit pas comment elles s'assurèrent que cet homme au chapeau retroussé avait réellement passé par toutes les aventures romantiques et merveilleuses dont l'on nous amusa si long-temps; d'ailleurs lurent-elles sur sa physionomie son vrai nom et sa véritable histoire? En vérité, une semblable preuve ne vaut pas mieux que celle que nous donneraient de simples villageois à l'appui d'une histoire de revenans. Si vous témoignez le moindre symptôme d'incrédulité, ils vous montreront d'un air de triomphe la maison même que hantait le fantôme, le sombre recoin où il disparaissait, et peut-être aussi la pierre sépulcrale de la personne dont il avait présagé la mort. La noblesse de Jack Cade était maintenue par le même genre de preuve invincible. Après avoir assuré que le fils aîné d'Edmond Mortimer, comte de March, ayant été enlevé par une mendiante, devint par la suite maçon, et père de ce Jack

Cade, un de ses compagnons en confirmait l'histoire entière par ces mots seuls : Voyez, monsieur, il a bâti une cheminée chez mon père, et les briques en sont encore là pour le prouver. Niez-le donc à présent.

Tout autant vaut le témoignage de ceux de nos braves compatriotes qui sont prêts à découvrir les blessures qu'ils ont reçues en se battant contre ce terrible Bonaparte. Très certainement ils pourront prouver qu'ils se sont battus et ont été blessés, et leur croyance à ce *qu'on leur a dit* de la cause pour laquelle ils ont combattu sera très probablement aussi *inébranlable* : en douter eût été une infraction ouverte à la discipline, et ils s'entendent mieux à manier le mousquet qu'à scrutiner des preuves ou à démasquer des impostures ; mais nous défions aucun d'eux de s'avancer la main sur la conscience, et de déclarer qu'il sait par lui-même la cause précise pour laquelle il s'est battu, sous les ordres de qui ont agi les généraux ennemis, et si la personne de laquelle émanaient ces ordres a réellement accompli les exploits dont on nous entretient.

Que ceux donc qui prétendent à une liberté

d'examen vraiment philosophique, que ceux qui dédaignent de baser leurs opinions sur les croyances vulgaires, et de prendre pour abri l'exemple d'une multitude irréfléchie, que ceux-là, disons-nous, examinent mûrement chacun pour sa part, le témoignage particulier qu'ils ont pour ajouter foi à l'existence d'un personnage tel que Napoléon Bonaparte. (Nous ne demandons pas s'il y eut jamais un individu de ce nom, cela importe fort peu; mais si cet individu, quel qu'il soit, a pu jamais faire toutes les choses qu'on lui attribues.) Après cela, que chacun pèse les objections analogues (dont nous n'avons donné à la hâte qu'une esquisse imparfaite); et si quelqu'un trouve que ce témoignage se monte à rien de plus qu'une simple probabilité, nous ne pouvons que le féliciter sur la complaisance de sa foi.

Cependant tel témoignage qui serait d'un grand poids pour établir une chose probable en elle-même, perdra de ce poids à mesure que la chose attestée deviendra plus improbable, en sorte que si l'on cherchait à s'en étayer pour soutenir ce qui serait contraire aux lois de l'expérience (*d*), il serait rejeté

aussitôt par tous ceux qui pensent sainement.
Voyons maintenant quelle espèce d'histoire
l'on offre à notre crédulité. Nous avons déjà
fait remarquer les grossières contradictions
des différentes autorités réclamées, il nous
reste donc à considérer isolément l'histoire
telle qu'elle est débitée par le premier venu.
Son air de roman est ce qui frappe tout
d'abord; tous les événemens en sont grands,
splendides, merveilleux (e): grandes armées,
grandes victoires, grands froids, grands revers, délivrances tenant à un cheveu, empires renversés en quelques jours; tout se
passant en dépit des calculs politiques et
contre l'expérience des siècles écoulés, tout
monté sur cette grande échelle, si commune
en poésie épique, si rare en réalité; tout
enfin calculé pour frapper l'imagination du
vulgaire, autant que pour rappeler les Mille
et une Nuits au petit nombre des élus du
bon sens. De plus, chaque événement a ce
ronflant, ce tout achevé, caractère principal
des fictions. Rien ne se fait à demi, ce n'est
qu'une suite non interrompue de victoires
décisives, de bouleversemens complets, de
subversions totales ou de restaurations par-

faites des mêmes empires. Des volumes entiers ne suffiraient pas pour énumérer les improbabilités de chacun de ces divers épisodes, le souvenir en est encore si récent qu'une telle tâche est inutile. C'est à ceux qui font usage de leur raison, à ceux qui ont étudié l'histoire et celle du cœur humain que nous laissons la tâche de peser ces événemens pour s'assurer en quoi ils sont conformes à l'expérience (*f*), notre guide le plus sûr ; mais vainement chercheront-ils dans le domaine de l'histoire quelque chose de pareil à cet étonnant Bonaparte, *jamais il n'eut son égal.*

Pourra-t-on comparer ses conquêtes à celles d'Alexandre ? mais ces dernières furent faites sur un ramas de barbares efféminés autant qu'indisciplinés, sans cela la rapidité de sa marche eût été bien autrement ralentie. Témoin son père Philippe : l'on sait ce qu'il lui en coûta pour soumettre le territoire comparativement insignifiant de ces Grecs guerriers et civilisés, quoique leur séparation en petits états, jaloux les uns des autres, l'aidât puissamment à maîtriser chacun d'eux séparément. Cependant les Grecs n'avaient jamais fait, dans les arts et dans la guerre, les progrès qu'y firent les grands et puissans états qu'on nous représente comme si aisément soumis par Bonaparte. Son empire a été comparé à l'empire romain ; mais quel contraste ! En quelques années il s'arroge la suzeraineté, sinon la souveraineté de cette même Allemagne riche, civilisée et puissante, que les Romains, au zénith de leur puissance, n'avaient pu subjuguer en autant de siècles, n'ayant à lutter qu'avec les ignorans demisauvages qui l'occupaient alors.

Une autre circonstance particulière ! L'histoire de ce personnage extraordinaire, c'est de nous le représenter comme défait, dès que cela semble à propos, quoique ce ne soit jamais à demi, et sans l'envelopper dans une ruine plus soudaine et plus totale, s'il est possible, que celle d'aucun héros de véridique histoire ; cependant, aussitôt qu'on trouve convenable de le relever, cela se fait aussi vîte et aussi complètement que si Merlin y prêtait sa baguette. Il pénètre en Russie à la tête d'une armée *prodigieuse*, qu'anéantit un hiver d'une rigueur *sans exemple*. (Tout ce qui se rapporte à cet homme est prodigieux et sans exemple.) Quoi qu'il en soit,

peu de mois après, nous le revoyons en Allemagne à la tête d'une autre grande armée
qui, à son tour, trouve son tombeau à Leipsick ; voilà la troisième grande armée ainsi
détruite, y compris celle d'Egypte. Les Français, malgré tout, sont assez débonnaires
pour lui en confier une quatrième, capable
de se maintenir en France; mais il est de
nouveau vaincu, et *reçoit en don* la souveraineté de l'île d'Elbe (comme si, au lieu de
le poster en face et presqu'au bord de ses
anciens domaines, il n'eût pas été possible
d'imaginer quelque autre moyen plus vrai-
semblable de disposer de sa personne jusqu'à
nouvel ordre). De là il revient en France où
il est reçu à bras ouverts, et mis en état de
perdre sa quatrième grande armée à Waterloo. Néanmoins telle est l'aveugle ardeur de
ces gens-là à se laisser mener à leur destruc-
truction par cet individu, qu'on juge convenable de le confiner dans une île à quelques
mille lieues de là, et de cantonner chez eux
des troupes étrangères qui leur ôtent les
moyens de s'insurger de plus belle en sa faveur (*g*). Nous le demandons, qui peut ajouter
foi à tout cela, et la refuser en même temps

aux miracles ? ou plutôt, qu'est-ce que tout
cela, si ce n'est un miracle ? n'est-ce pas une
violation des lois de la nature ? car certainement la nature a ses lois morales aussi bien
que ses lois physiques ; et ces lois morales,
quoique sujettes à exceptions dans certains
cas particuliers, ne sont pas moins vraies
comme lois générales que ne le sont celles
de la matière ; en sorte qu'elles aussi ne sau-
raient être violées ou contrariées jusqu'à un
certain point, sans intervention miraculeuse (*h*). Il est même une circonstance de
plus qui rend la contradiction à la sanction
de l'expérience plus frappante dans le cas
présent que dans celui des histoires miraculeuses, objet du mépris d'ingénieux sceptiques. Tous les défenseurs des miracles admettent que ce sont de rares exceptions à
la marche ordinaire de la nature, mais ils
maintiennent que ce doivent être des exceptions, à cause de la rareté des *occasions* extraordinaires qui en sont la *raison*. Un miracle, disent-ils, n'arrive pas tous les jours,
parce qu'une révélation ne se donne pas tous
les jours. Il n'entre pas dans notre plan de
chercher des argumens en réplique, nous les

laissons à ceux qui sont engagés dans cette espèce de controverse : notre but est de montrer seulement que cette solution n'est pas applicable au cas présent. Où est, en effet, *l'occasion* extraordinaire ? quelle est la *raison* suffisante pour qu'il arrive dans le 18e et le 19e siècles une série d'événemens sans exemple ? L'Europe était-elle alors particulièrement faible, et dans un tel état de barbarie qu'un seul homme pût faire tant de conquêtes et fonder un si vaste empire. Mais, tout au contraire, elle était florissante, au comble de la force et de la civilisation. Expliquera-t-on l'inaltérable et aveugle dévouement des Français pour cet homme, en le faisant descendre d'une longue suite de rois, dont la race était consacrée par une vénération héréditaire ? Mais ce n'était, nous dit-on, qu'un usurpateur d'origine obscure et pas même Français. Serait-ce qu'il se montra souverain clément et bon ? Tant s'en faut, qu'on nous le représente, non-seulement comme un despote impérieux et impitoyable, mais encore comme follement prodigue de la vie de ses soldats. L'armée et la nation françaises pouvaient-elles manquer d'apprendre des misérables restes de sa prétendue expédition de Russie, comment ils avaient laissé les cadavres de plus de 100,000 de leurs camarades, se blanchir sur les steppes glacées de cet affreux pays où les avait conduits sa folle ambition, et où son égoïste lâcheté les avait abandonnés? De quelque côté que nous nous tournions pour trouver des circonstances qui nous aident à expliquer les événemens de cette incroyable histoire, nous n'en trouvons aucune qui n'aggrave son invraisemblance (1). S'il avait été question de quelque pays lointain, à une époque reculée, il eût été impossible de dire quelles circonstances particulières pouvaient rendre probable ce qui nous paraissait si étrange; et cependant même, dans ce dernier cas, tout vrai sceptique, tout penseur et observateur indépendant, eût aussitôt rejeté une pareille histoire, comme indigne du moindre crédit.

Qu'aurait dit, par exemple, Hume ou tout autre philosophe de son école, si, dans les antiques annales de quelque nation, il eût trouvé un passage de la teneur suivante :

« Il y avait un certain homme, venu de
« Corse, son nom était Napoléon, et grand

« fut-il entre les chefs de l'ost des Francs.
« Or, ayant ramassé force gens de guerre,
« il sortit pour guerroyer les Egyptiens.
« Mais le roi de Bretagne ayant ouï cela,
« envoya ses vaisseaux de guerre avec des
« hommes vaillans pour combattre les Francs
« au pays d'Egypte. Or donc ils leur firent
« guerre et les soumirent, et après cela ils
« affermirent les mains des chefs du pays
« contre les Francs, et ils chassèrent Napo-
« léon de devant les murailles de la ville
« d'Acre. Si bien que Napoléon délaissa son
« armée et ses capitaines en Egypte, et s'en-
« fuyant revint au pays de France. Mais voici
« les Francs prirent Napoléon et l'établirent
« pour roi sur eux, et il devint très-puissant,
« tant que nul entre tous les rois de cette terre
« fut oncques semblable à lui, avant ni après. »

Nous le répétons, qu'aurait pensé Hume
de tout cela, surtout si on lui eût dit que
telle était alors même la croyance générale ?
N'aurait-il pas avoué qu'il s'était trompé en
supposant qu'il y a une sorte de crédulité et
de préjugé aveugle en faveur de tout ce qui
est réputé *sacré* (*k*), car, puisque même des
sceptiques avoués se laissent faire accroire un

conte tel que celui-là, il semble, au contraire, qu'il existe un préjugé plus aveugle encore en faveur de ce qui n'est pas réputé sacré?

Supposons encore que dans le courant de la même histoire, il se rencontre des passages tels que ceux-ci : « Et il advint après ces « choses que Napoléon se reconforta plus « et plus, et leva un autre ost en lieu de celui « qu'il avait perdu, et il sortit et fit la guerre « aux Prussiens, et aux Russiens et aux Aus- « triens, et à tous les dominateurs des nations « qui sont au nord, lesquels étaient ligués « contre lui, et voici le dominateur de Suède, « qui était Franc, guerroya aussi lui contre « Napoléon. Ils montèrent donc tous en- « semble et combattirent les Francs dans les « plaines qui sont auprès de Leipsick. Mais « les Francs furent déconfits devant leurs « ennemis, et fuyant arrivèrent vers les ri- « vières qui coulent derrière Leipsick, et ils « essayèrent de les passer pour échapper de « dessous les mains de leurs ennemis, mais « ils ne purent, car Napoléon avait rompu « les ponts : ainsi les gens des pays du nord « marchèrent sur eux, et les exterminèrent « avec grand carnage » . . . .

« . . . . Ensuite le dominateur d'Autriche
« et tous les gouverneurs des nations du
« nord envoyèrent des messagers par devers
« Napoléon, pour lui parler de paix, disant :
« Ainsi ont dit les rois, orça pourquoi y au-
« rait-il guerre entre nous désormais ? Or Na-
« poléon avait répudié sa femme et pris pour
« sienne la fille du dominateur de l'Autriche.
« Et tous les conseillers de Napoléon vinrent,
« et se tenant debout devant lui, dirent :
« Regarde, aujourd'hui ces rois sont des rois
« miséricordieux, fais suivant qu'ils te disent,
« ne sais-tu pas encore que la France est rui-
« née ? Mais il parla rudement à ses conseil-
« lers et les bannit hors de sa présence, et
« plus ne voulut prêter l'oreille à leur voix.
« Et quand tous les rois virent cela, voici
« ils firent la guerre à la France et la rava-
« gèrent avec l'épée, et vinrent vers Paris, la
« royale cité, pour la prendre. Alors les
« hommes de Paris sortirent et délivrèrent
« les clefs de leur cité. Or les rois parlèrent
« courtoisement aux hommes de Paris, di-
« sant : Réjouissez-vous, car de mal aucun
« ne vous sera fait. Alors les hommes de
« Paris se réjouirent et crièrent : « Napoléon

« est un tyran, si ne règnera-t-il plus sur
« nous. Aussi tous les princes, et les juges et
« les conseillers et les capitaines aussi, les-
« quels Napoléon avait élevés voire même
« de la lie du peuple, envoyèrent à Loys
« frère du roi Loys qu'ils avaient égorgé,
« et ils l'établirent roi sur tout le pays de
« France. . . . . . Et quand Napoléon vit que
« le royaume lui était ôté, il dit aux rois qui
« étaient montés contre lui : Laissez-moi, je
« je vous prie, donner le royaume à mon
« fils, mais ils ne voulurent pas l'écouter.
« Alors il parla encore, disant : Laissez-moi,
« je vous prie, aller vivre dans l'île d'Elbe,
« laquelle regarde l'Italie vers les confins
« de France, et vous me donnerez une somme
« d'argent pour moi et pour ma maison, et
« la terre d'Elbe aussi pour mon domaine.
« Ainsi donc fut-il fait gouverneur d'Elbe. .
« . . . . . . Dans ce temps-là, revint le pape
« en ses terres. Or les Francs et diverses au-
« tres nations de l'Europe servent le pape,
« et le tiennent en grand respect, mais il est
« en abomination aux Bretons, aux Prus-
« siens, aux Russiens et aux Suèdes. Nonob-
« stant, les Francs avaient pris toutes ses

« terres et lui avaient dérobé tout ce qu’il
« possédait, et l’avaient emmené captif dans
« leur pays. Mais quand les Bretons et les
« Prussiens et les Russiens et les Suèdes et
« le reste des nations qui s’étaient liguées
« contre la France y furent venus, ils ordon-
« nèrent aux Francs de relâcher le pape, et
« aussi de lui restituer tous les biens qu’ils
« avaient emportés. Le pape revint donc en
« paix, et gouverna la cité comme devant. »
« . . . . . Et il advint que Napoléon n’avait
« pas encore été douze lunes dans l’île d’Elbe,
« lorsqu’il se leva, et dit aux hommes vail-
« lans qui étaient restés à sa droite : Or sus,
« retournons en France et combattons le roi
« Loys et le détrônons. Il partit donc, lui-
« même avec six cents hommes qui tirèrent
« l’épée, et firent la guerre au roi Loys. Alors
« tous les enfans de Belial s’assemblèrent et
« crièrent : Vive Napoléon ! Et quand Loys
« vit ces choses, il s’enfuit et se réfugia dans
« le pays de Batavie, et Napoléon gouverna
« la France, etc., etc. »

Maintenant si quelque philosophe indépendant, si quelqu’un de ceux qui combattent
pour la droite raison et méprisent de préten-

dues révélations, venait à jeter les yeux sur un tel tissu d'absurdités dans quelque vieille chronique juive, ne le rejeterait-il pas aussitôt comme une imposture trop palpable (*l*) pour mériter la peine d'une vérification? Or donc devra-t-on croire, comme arrivés en effet de nos jours et chez des Européens civilisés, les mêmes événemens qu'il serait impossible de prouver s'il s'agissait de juifs à demi-barbares et à trois mille ans de date? Nous répondra-t-on peut-être qu'il n'y a en tout ceci rien de *surnaturel?* Mais pourquoi objectez-vous à ce qui est *surnaturel?* pourquoi rejetez-vous tous les récits de miracles, si ce n'est parce qu'ils sont *improbables?* Reconnaissez donc qu'une histoire aussi improbable, ou plus improbable encore que celle-ci, ne saurait être implicitement reçue, par cela seul qu'elle n'a rien de *miraculeux*, quoiqu'elle soit en effet *miraculeuse*, suivant l'autorité de Hume que nous avons citée (note *h*).

Nous l'avons pleinement démontré ailleurs : la contradiction aux lois de l'expérience est aussi complète dans le cas présent que dans ce qu'on appelle communément *miracles*, et les raisons que les partisans des miracles allèguent pour cette contradiction ne sont ici d'aucune valeur. Si donc des philosophes rejetant toute histoire merveilleuse soutenue par des prêtres, peuvent en même temps en admettre, sans plus d'examen, tout autre non moins improbable; ils s'exposent tout entiers au poids de l'accusation dont on les charge, celle de se montrer injustement prévenus contre tout ce qui tient à la religion.

Il est une autre circonstance que nous ne saurions passer sous silence, étant trop bien faite pour embellir l'air de roman qui domine partout dans cette étonnante histoire : nous voulons parler de sa *nationalité (m)*.

Bonaparte établit son ascendant tour à tour sur tous les états de ses ennemis, excepté l'Angleterre; au zénith de sa puissance ses flottes sont balayées des mers par celles d'Angleterre en nombre égal et très souvent même inférieur. Ses troupes battent celles de toute autre nation, excepté celles d'Angleterre, encore et avec elles tout le contraire a lieu; deux fois, et deux fois seulement, il se trouve personnellement engagé contre un commandant anglais, et chaque fois il est totalement défait, à Saint-Jean d'Acre et à Waterloo ; pour comble, c'est l'Angleterre qui à la fin écrase ce pouvoir formidable, si long-temps le fléau ou la terreur du continent, et c'est aux Anglais qu'il vient se livrer ! Très national vraiment ! tout cela peut être très vrai, mais nous le demandons, si une histoire eût été faite à plaisir tout exprès pour amuser le public anglais, aurait-on pu en inventer de plus ingénieuse ? Elle figurerait admirablement pour un poëme épique, et ne ressemble pas peu à l'Iliade et à l'Enéide, où l'on offre si studieusement à notre admiration Achille et les Grecs, Enée et les Troyens (ancêtres des Romains, comme on sait). Les exploits de Bonaparte semblent n'avoir été amplifiés que pour rehausser la gloire de ceux qui l'ont vaincu, comme on laisse Hector triompher pendant l'absence d'Achille, uniquement pour donner plus d'éclat à sa chûte par le bras de cet invincible héros. Supposant donc une histoire dépouillée de toutes ces grossières invraisemblances, cette dernière circonstance ne suffirait-elle pas seule pour la rendre au moins suspecte aux yeux d'un critique exercé, et pour lui faire susprendre son jugement en attendant un concours de preuves satisfaisantes et plus fortes cent fois que celles mises en avant dans le cas dont il s'agit.

Est-ce donc trop que de demander au philosophe prudent et éclairé (n) de suspendre son jugement? Quant à la vie et aux aventures de Napoléon Bonaparte, nous ne prédons pas *décider* positivement qu'il n'y a pas et qu'il n'y a jamais eu un tel homme, mais nous voulons simplement proposer comme sujet de doute son existence; car, par cela même qu'elle a été reconnue sans autre examen, elle mérite d'autant plus d'être soigneusement vérifiée et prouvée. Bien moins encore voudrions-nous entreprendre de décider quel est ou quel a été le véritable état des choses : celui qui signale l'improbabilité d'une histoire en vogue, n'est pas obligé pour cela de suggérer sa propre hypothèse (o) (quoiqu'on puisse dire ici avec certitude qu'il serait difficile d'en trouver une plus improbable que celle qui est généralement admise). Parce qu'une personne hésite à croire ce que les anciens poètes nous chantent des géans emprisonnés qui sont la cause des tremblemens de terre et des éruptions volcaniques.

Cette personne n'est certainement pas tenue pour cela d'expliquer la véritable cause de ces phénomènes.

A défaut de preuves solides dont souffre notre histoire, à peine peut-on offrir rien de plus qu'une conjecture probable de loin en loin, à peine aussi peut-on faire la part de ce qui est vrai, et la part de ce qui est pure invention dans les récits qu'on nous fait ; car l'on doit observer que cette histoire se prête aux doutes des sceptiques plus facilement même que quelques-unes des histoires miraculeuses. En effet, parmi ces dernières il en est de telle nature que l'on ne saurait sans inconséquence en admettre une partie et rejeter le reste ; en sorte que si l'on demeure convaincu de la réalité d'un seul miracle quel qu'il soit, l'on doit les admettre tous indistinctement : d'où il résulte encore qu'un sceptique se voit obligé d'attaquer les preuves de tous isolément et en masse. Ici, au contraire, chaque point demande à être prouvé isolément, puisqu'aucun ne suffit pour garantir la validité du reste. Nous voulons bien croire qu'il existe à Sainte-Hélène un prisonnier d'état (ce qui n'est pas même reconnu de tous les Français); mais comment saurons-nous au juste qui il est, et pourquoi il y est renfermé? Il y a eu avant lui bien d'autres prisonniers d'état qui n'ont jamais été coupables de l'asservissement d'une moitié de l'Europe, et dont les crimes n'ont été qu'imparfaitement dévoilés. Et si nous admettons, ce qui est très probable, qu'il y a eu dernièrement des guerres sanglantes, il ne s'ensuit pas que les événemens de ces guerres ont été exactement tels qu'on nous les dépeint; il ne s'ensuit pas que Bonaparte en a été l'auteur et le chef, ou même qu'il a jamais existé. Nous ne savons et les 19/20e des Français eux-mêmes ne savent que par ouï-dire quels troubles ont eu lieu dans le gouvernement de la France, quoique nous sachions parfaitement, du reste, que l'Angleterre a eu jadis de nombreuses et sanglantes guerres avec ce pays sous le gouvernement des Bourbons; et l'on vient nous dire pourtant que cette même France est encore gouvernée par un roi de cette dynastie, nommé Louis, lequel déclare et professe être dans la vingt-cinquième année de son règne. Après cela, libre à chacun de faire ses conjectures; quant à nous, nous

4

sommes loin de vouloir décider quel a pu ou quels ont pu être les gouverneurs de la nation française depuis plusieurs années. Ce qui est certain, c'est que toutes les fois que les hommes s'abandonnent à leur penchant pour le merveilleux, ils se montrent disposés à accumuler sur un même individu (réel ou imaginaire) les exploits de plusieurs, sans manquer d'exagérer et de multiplier au centuple chacun de ses exploits. C'est ainsi que les interprètes de l'ancienne mythologie nous expliquent qu'il a existé plusieurs hommes du nom d'Hercule, dont les exploits réunis et suffisamment revêtus de merveilleux ont été ensuite attribués à un seul héros ; soit que ce nom d'Hercule ait été réellement porté par chacun d'eux, ou qu'on le leur ait conféré plus tard à titre d'honneur. N'est-il donc pas aussi possible que lors de la fureur pour les mots d'origine grecque, la voix publique aura conféré sur plus d'un général favori, et d'une valeur irrésistible, le surnom de Napoléon (Ναπολεων) qui signifie lion de la forêt. N'est-il pas possible encore que cette expression Bonaparte n'aura été dans l'origine qu'une espèce de terme de conven-

tion appliqué à la bonne part, c'est-à-dire
aux plus braves et aux meilleurs patriotes
de l'armée française collectivement, en sorte
que plus tard on l'aura pris pour le nom
propre d'un seul individu ? Cette conjecture
n'est pas celle que nous voulons soutenir,
mais toujours est-il certain que de pareilles
méprises peuvent arriver et sont arrivées en
effet. Quelques critiques ont supposé que les
Athéniens s'imaginaient que la résurrection
(Anastasis) était quelque nouvelle divinité
que saint Paul voulait leur faire adorer ; et
si l'on nous assurait que les anciens Persans,
ne connaissant d'autre gouvernement que le
monarchique, avaient pris l'aristocratie de
Sparte pour sa reine, pourrions-nous le moins
du monde refuser d'y croire ?

Mais sans se borner à de simples hypothèses,
n'est-ce pas un fait qu'aujourd'hui même les
Hindous croient que l'honorable compagnie
des Indes-Orientales est une vénérable vieille
dame de haut rang qui réside en Angleterre ?
Les Allemands de nos jours tirent leur nom
d'une erreur semblable : les premiers d'entre
eux qui se fixèrent sur les bords du Rhin ap-
partenant à différentes tribus de l'intérieur,

4*

adoptèrent le nom d'Allemands, c'est-à-dire,
hommes de toute nation, ou peut-être tous
hommes, tous vaillans (*all* signifiant tout
et *man* homme); et les Gaulois donnèrent le
nom d'Allemands (*p*) à toute la race, comme
ils avaient donné à la même race le nom de
Germains qui dans le teutonique (ger-man)
signifie homme de guerre; comme aussi on
appela plus tard Suisses tous les membres de
la confédération helvétique, quoiqu'un seul
canton primitif portât le nom de Schwiz *ou*
Suitz *ou* Suisse.

Quoi qu'il en soit, nous ne faisons qu'in-
diquer ces conjectures, sans prétendre qu'il
soit impossible d'en suggérer de plus plau-
sible. Mais, soit que nous adoptions une hypothèse quelconque, soit que nous n'en adoptions aucune, nos objections aux récits généralement répandus et admis ne perdront rien
de leur force, et demandent impérieusement
l'attention de tout sceptique sincère.

Nous engageons donc à suivre leurs propres principes franchement et conséquem-
ment tous ceux qui se donnent ouvertement
pour les défenseurs du droit de libre examen;
tous ceux qui dédaignent de se laisser en-

traîner par le torrent des croyances popu-
laires et qui ne veulent écouter aucun témoignage contraire à l'expérience. Tout ce
que nous demandons, c'est que l'on adopte
dans tous les cas semblables le même mode
d'argument, et dès lors, loin de l'attribuer
à des préjugés hostiles, l'on n'y verra rien que
d'élevé et de vraiment philosophique. Quant
à ceux qui déjà ont rejeté quelques histoires,
parce qu'elles sont étranges et merveilleuses,
parce que les faits qu'elles contiennent sont
sans exemple, et opposés à la marche ordinaire de la nature, s'ils sont sincères, qu'ils
n'ajoutent aucune foi à toute autre histoire
en prise aux mêmes objections, tel qu'est
le roman extraordinaire que nous venons de
passer en revue.

S'ils ont refusé de croire la déposition de
témoins qui, dit-on, ont été pour le moins
désintéressés, qui ont bravé les persécutions
et la mort à l'appui de leurs assertions, comment ces philosophes peuvent-ils être d'accord avec eux-mêmes, aussitôt qu'ils écou-
tent et admettent le témoignage de gens qui
gagnent ouvertement de l'argent par les
contes qu'ils débitent au public et qui ne

prétendent pas même courir de grands risques dans le cas où on les surprendrait à mentir ? Si en d'autres circonstances ils ont refusé de prêter l'oreille à tout récit qui a dû être transmis par plusieurs intermédiaires avant d'arriver jusqu'à eux , et qui est défendu par ceux dont le premier intérêt est de le maintenir, qu'ils prennent la peine de considérer par quels intermédiaires, par combien d'intermédiaires leur est parvenue l'histoire en question , et ils verront alors comme nous l'avons fait voir, s'ils peuvent après tout remonter à aucune source décidément autenthique (q); ils verront quel puissant intérêt ont eu à soutenir leur fourberie, ceux qui leur en ont imposé. En un mot, qu'ils daignent se montrer aussi prêts à démasquer les imposteurs et à mépriser les fables des politiques que celles des prêtres. Mais s'ils persistent à demeurer attachés à la croyance populaire sur cet article-là, qu'ils soient du moins assez conséquens avec eux-mêmes pour admettre en d'autres cas le témoignage auquel ils cèdent en ce cas-ci. Enfin si, après tout ce que nous avons dit, ils ne peuvent se résigner à douter de l'existence de Napoléon Bona-

parte, qu'ils avouent du moins qu'ils n'appliquent nullement à cette question le même
système de raisonnement qu'ils appliquent
à d'autres, et la raison autant que la pudeur
les obligera à y renoncer tout-à-fait.

Appendice

A LA TROISIÈME ÉDITION.

S'attribuer la gloire d'avoir mis à mort le plus redoutable de tous les héros d'histoire, semblera arrogant *peut-être* chez un individu obscur et sans nom, mais une ombre d'antagoniste peut bien abattre l'ombre d'un champion. Plus d'un spectre terrible a été anéanti par le simple reflet d'un pauvre lumignon, et si dans les pages précédentes j'ai réussi à fournir un cas probable de doute, je suis quelque peu fondé à me vanter aussi d'avoir tué Napoléon Bonaparte.

En effet, examinons les circonstances qui se rapportent à lui : après avoir obtenu des succès, puis essuyé des revers, tels que n'en eut jamais de potentat réel (aucun autre du moins), ce puissant empereur, si long-temps la terreur du monde civilisé, est à la fin condamné à être exilé au loin dans l'île de Sainte-Hélène.

Cette mesure donna lieu à l'étonnement de bien des personnes et à une foule d'objections toutes très bien fondées, si l'on suppose que l'on ait pu identifier la personne de l'illustre exilé. Mais si on suppose que ce n'était rien de plus qu'un mannequin, il faut avouer que l'endroit était parfaitement choisi pour le garder à l'abri de toute impertinente curiosité tant qu'on n'en aurait pas besoin, comme aussi pour s'en servir dans l'occasion, si quelque nouvelle trame l'exigeait.

Ce fut vers cette époque que la présente publication dirigea l'attention générale vers la question fondamentale relative à l'existence réelle de Napoléon Bonaparte. L'on présume bien qu'elle dut éveiller, outre beaucoup de surprise et non moins de critique, quelque degré d'incertitude, et probablement par suite quelques nouvelles recherches. Cependant, je ne sache pas qu'aucune preuve nouvelle ait été avancée pour éclaircir les points en litige. Nous avons tous entendu parler de sévères précautions prises pour empêcher toute espèce d'entrevue entre le formidable prisonnier et tout étranger qui serait tenté de le visiter par des motifs de curiosité. A peine l'homme au masque de fer fut-il plus rigidement séquestré. Nous avons à la vérité, entendu aussi différens récits contradictoires de conversations, qui se passèrent entre lui et le petit nombre de personnes admises auprès de lui, mais nous savons du reste que la fausseté et les inconséquences de la plupart de ces conversations furent prouvées dans des publications contemporaines.

Enfin, précisément vers le temps où l'on devait supposer que les doutes du public sur ce personnage extraordinaire s'étaient accrus d'une manière alarmante, l'on vint nous annoncer qu'il était mort! excellent moyen pour arrêter court toute recherche importune! nous ne prétendons pas nier que cet individu ait vécu et qu'il soit mort. Cependant qu'il ait été, et qu'il ait fait tout ce qu'on dit de lui, c'est ce qu'il est impossible de croire, sans consentir en même temps à admettre les assertions les plus contradictoires; impossible, même en reconnaissant que plusieurs des événemens rapportés, quoique merveilleux, ne sont pas physiquement improbables. Tout ce que nous désirons, c'est d'engager le lecteur impartial à considérer quel devrait être le résultat le plus probable, supposé que les soupçons énoncés dans cet ouvrage sont bien fondés. Car si l'histoire entière que nous avons passée en revue, n'est que pure invention, quelle doit être la conséquence la plus naturelle de toute tentative faite pour exciter à des recherches sur son authenticité? n'est-il pas évident que le parti le plus court et le plus efficace pour n'être pas démasqué, sera de *tuer* le fantôme, et de s'en débarrasser ainsi une fois pour toutes. De cette manière l'on aura toujours en réserve cette réponse brève et décisive pour tous ceux en qui nos argumens auraient éveillé des soupçons. « Il n'y a pas le moindre doute que cet homme-là a existé, qu'il a fait tout ce qu'on raconte de lui, et si vous voulez faire un tour à Sainte-Hélène, vous pourrez y voir de vos propres yeux, non pas sa personne même, car elle a cessé de vivre, mais bien sa tombe : et après cela que voulez-vous de plus convaincant?

Voilà pour sa mort; quant à sa vie, elle vient d'être

publiée par un écrivain, éminent. Et d'ailleurs, nous trouverons dans toutes les boutiques abondance de bustes et portraits de ce grand homme, tous se ressemblant parfaitement l'un à l'autre : que les plus incrédules s'en contentent! *stat magni nominis umbra!*

(LA PLACE, *Essai philosophique sur les probabilités.*)

Ainsi donc, suivant cet habile calculateur, les chances en faveur de la vérité d'un fait ainsi transmis, se réduisent à moins d'un huitième. Cependant si l'on faisait une recherche exacte, combien peu des histoires ordinaires de journaux, relatives à l'étranger, pourraient-elles être retracées pas à pas jusqu'à l'autorité d'un véritable témoin oculaire, même par l'intermédiaire de vingt autres témoins seulement; combien d'échelons corrompus ne trouverions-nous pas en route, et combien peu de narrateurs mériteraient la proportion de un à dix dans les contes qu'ils nous débitent.

NOTES.

NOTE *a*, page 20.

« Soit un fait transmis par vingt personnes, la
« première le communiquant à la seconde, la se-
« conde à la troisième, et ainsi de suite ; et suppo-
« sant que sur dix rapports faits par chaque témoin,
« il n'y en a que neuf de vrai, exprimons par $9/10^e$ la
« probabilité de chacun de ces témoignages. Il est clair
« qu'à chaque fois que le rapport passe d'un témoin
« à un autre, la preuve en est réduite à $9/10^e$ de sa
« valeur précédente. En sorte qu'après avoir passé par
« chacune des vingt personnes, cette preuve se trou-
« vera réduite à moins de $1/8^e$ de sa première valeur. »

NOTE *b*, page 21.

« Je n'ai pas besoin de montrer combien il est dif-
« ficile de découvrir une fausseté dans une histoire

« publique ou particulière quelconque dans l'endroit
« et au temps même où l'on suppose qu'elle se passe,
« surtout dès que la scène de l'action est tant soit peu
« éloignée. Mais
« on n'arrivera jamais à aucun résultat satisfaisant,
« tant qu'on se contentera de recourir à la méthode
« ordinaire de juger, par les altercations, les débats,
« et par les rapports en circulation. »

(Hume, Essai sur les miracles.)

NOTE c, page 28.

« Nous soupçonnons la vérité d'un fait, quand
« les témoins se contredisent, quand ils sont d'un ca-
« ractère suspect, et quand ils trouvent leur intérêt
« dans ce qu'ils affirment. »

NOTE d, page 35.

« Il semble incontestable que tout témoignage em-
« prunte sa force de l'expérience. . . . .
« Le premier auteur qui, suivant nous, exposa claire-
« ment la liaison qui existe entre les preuves par té-
« moins et les preuves par expérience, a été Hume
« dans son Essai sur les miracles, ... ouvrage
« qui abonde en maximes d'une grande utilité pour la
« conduite de la vie. »

(Edin. Review, sept. 1814, p. 328.)

NOTE *e*, page 36.

« Supposons, par exemple, que tel fait qu'un té-
« moin s'efforce d'établir a quelque chose d'extraor-
« dinaire et de merveilleux ; la preuve qui résulte de
« ce témoignage reçoit, en ce cas, une atténuation
« plus ou moins grande, suivant que le fait est plus
« ou moins hors du commun. »

(HUME, *Essai sur les miracles.*)

NOTE *f*, page 37.

« La mesure à laquelle nous rapportons en dernier
« résultat tous les sujets de dispute se tire toujours de
« l'expérience et de l'observation. » (HUME, *Essai sur
les miracles*).

NOTE *g*, page 39.

Η θαύματα πολλά.
Καὶ που τι καὶ βροτῶν φρενάρ
ὙΠΕΡ ΤΟΝ ΑΛΗΘΗ ΛΟΓΟΝ
Δεδαιδαλμενοι ψευδεσε ποιχιλοις
Εξαπατῆντι μυθοι.

PIND. *Olymp.*

NOTE *h*, page 40.

Quoiqu'il soit à peine nécessaire de recourir à aucune autorité en confirmation de cette doctrine, nous la trouvons supportée par Hume : son huitième essai n'est d'un bout à l'autre qu'un argument en faveur de cette doctrine de *nécessité philosophique* basée entièrement sur l'uniformité générale qu'on observe dans la marche de la nature ; quant aux principes de *conduite humaine,* comme à l'égard des principes du monde matériel, c'est de cette uniformité, dit-il, que dans *l'un et l'autre cas* nous pouvons former un jugement appuyé sur l'expérience. « Et, ajoute-t-il, si nous vou-
« lons mettre au grand jour la fourberie de quelque
« histoire, nous ne pouvons recourir à aucun autre
« argument plus convaincant que celui de prouver
« que les actions attribuées à telle ou telle personne,
« sont directement contraires à la marche de la nature.
« Quand Quinte-Curce nous parlant d'Alexandre,
« décrit ce courage surnaturel, qui le faisait s'élancer
« seul à l'attaque de masses armées, sa véracité est
« tout aussi suspecte, que lorsqu'il nous peint la force
« et l'activité surnaturelle avec laquelle il pouvait leur
« résister. Tant il est vrai que l'on s'empresse unani-
« mement de reconnaître une certaine uniformité dans
« les actions des hommes, et leurs mobiles aussi bien
« que dans les opérations du corps. »

8e *Essai.*

(69)

Conformément à son dixième essai, l'usage qu'il fait du terme *miracle* après l'avoir défini, *transgression d'une loi de la nature,* montre clairement qu'il entendait y comprendre la *nature humaine.* « Nul témoi-« gnage, dit-il, ne peut suffire pour établir un miracle, « à moins que ce témoignage ne soit lui-même de telle « nature, que sa fausseté soit plus miraculeuse encore « que le fait même qu'il s'efforce d'établir, » et immé-diatement après il applique également à *témoignage* le mot *prodige,* qu'il fait constamment synonyme de *miracle.*

« Dans le raisonnement précédent, nous avons sup-« posé que la fausseté d'un tel témoignage, serait un « prodige. » Or, s'il avait eu l'intention de borner le sens de *miracle* et celui de *prodige* à une violation des lois de la matière seulement, l'épithète de *miraculeux* appliquée même hypothétiquement à un *faux témoi-gnage,* serait aussi insignifiante que celle de *Vert* ou de *Carré.* Le seul sens que nous puissions donner même imaginairement au terme *miraculeux* appliqué à témoi-gnage est celui de *extrêmement improbable,* de *con-traire aux lois de la nature relatives à la conduite hu-maine,* et c'est aussi dans ce sens qu'il emploie le même mot tout de suite après. « Si quelqu'un me dit qu'il a « vu un mort rendu à la vie, j'examine aussitôt en « moi-même, lequel est le plus probable, que cette « personne veuille me tromper, qu'elle-même ait été « trompée, ou que le fait qu'elle raconte ait pu réel-« lement arriver. Je contrepèse exactement l'un et « l'autre miracle dans la même balance. »

(Hume, Essai sur les Miracles.)

5

Voyez aussi un passage tiré du même *Essai* et cité plus haut, où il parle des *récits miraculeux de voyageurs*, se servant de ce mot évidemment dans le même sens. Il était peut-être superflu d'invoquer aucune autorité pour appliquer le terme de *miracle* à tout ce qui est *souverainement improbable*, mais il est important que les élèves de Hume soient bien avertis qu'il se sert de ces deux expressions comme synonymes; sans cette précaution ils pourraient se méprendre sur le sens de ce passage, qu'il appelle avec raison : *Maxime générale digne de toute notre attention.* »

NOTE *i*, page 42.

« Des événemens peuvent être si extraordinaires
« qu'à peine peuvent-ils être confirmés par aucun té-
« moignage. Nous ne croirions pas un homme qui nous
« assurerait avoir vu cent dés jetés en l'air retomber
« sur la même face. »

(*Revue d'Edimb.*, *sept.* 1814, *p.* 327.)

Observons que l'exemple ici cité n'est qualifié de *miraculeux* que dans le sens de *extrêmement improbable.*

NOTE *k*, page 43.

« Si à l'esprit de religion se joint l'amour du
« merveilleux, le bon sens, et tout témoignage humain
« n'a dès lors plus de droit à l'authenticité. »

(HUME, *Essai sur les miracles.*)

NOTE *l*, page 48.

« Je prie quel homme que ce soit de mettre la
« main sur son cœur, et après sérieuse considération,
« de déclarer s'il pense que la fausseté d'un tel livre,
« supportée par un tel témoignage, serait plus extraor-
« dinaire et plus miraculeux que tous les miracles qu'il
« rapporte. »

(Essai de HUME sur les miracles.)

Ne perdons jamais de vue que Hume (ainsi que nous
l'avons déjà dit) ne cesse d'employer les termes de
miracle et de *prodige* pour désigner tout ce qui est
extrêmement improbable et *extraordinaire*.

NOTE *m*, page 49.

« Le sage n'ajoute qu'une foi très académique
« (circonspecte) à tout récit qui flatte la passion de
« celui qui le raconte, soit qu'il rehausse son pays, sa
« famille ou lui-même. »

(HUME, Essai sur les miracles.)

NOTE *n*, page 51.

« Rien ne saurait être plus contraire qu'une telle
« philosophie (l'académique sceptique) à la souveraine

« indolence de l'esprit, à sa téméraire arrogance, à ses
« hautes prétentions, et à sa superstitieuse crédulité. »

(5e Essai.)

NOTE o, page 51.

Voyez Hume, *Essai sur les miracles.*

NOTE p, page 56.

*Germaniæ vocabulum recens et nuper additum,
quoniam, qui primi Rhenum transgressi Gallos expu-
lerint, ac nunc Tungri, tunc Germani vocati sint : ita
nationis nomen in nomen gentis evaluisse paulatim, ut
omnes, primum a victore ob metum, non a seipsis in-
vento nomine, Germani vocarentur.*

(Tacite, de more Germanorum.)

NOTE q, page 58.

Car n'oublions pas que ces écrivains eux-mêmes
ne se rapportent pas à de meilleure autorité que celle
d'un correspondant étranger *anonyme* et *inconnu.*

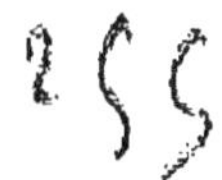

I